고구마 탐정 과학 ❶

사라진 대왕 진주 귀걸이

서지원 글

한양대학교를 졸업하고 〈문학과 비평〉에 소설로 등단해, 지식과 교양을 유쾌한 입담과 기발한 상상력으로 전하는 이야기꾼입니다. 서울시 올해의 책, 원주시 올해의 책 외에도 2009 개정 초등 국정교과서와 고등 모델 교과서를 집필했습니다. 쓴 책으로는 《한눈에 쏙 세계사 2: 고대 통일 제국의 등장》《만렙과 슈렉과 스마트폰》《몹시도 수상쩍은 과학 교실》《빨간 내복의 초능력자》〈고구마 탐정〉 시리즈 등 250여 종이 있습니다.

이승연 그림

대학에서 가구 디자인을 공부했으며, 지금은 어린이들이 좋아서 어린이책에 그림을 그리는 일을 하고 있습니다. 그린 책으로는 《로봇 반장》《게임 중독자 최일구》《비상! 바이러스의 습격》《거인의 나라로 간 좌충우돌 탐정단》〈고구마 탐정〉 시리즈 등이 있습니다.

고구마 탐정 과학 ❶ – 사라진 대왕 진주 귀걸이

초판 1쇄 발행 2021년 01월 22일
초판 4쇄 발행 2025년 05월 16일

글 서지원 그림 이승연
발행처 주식회사 스푼북 **발행인** 박상희 **총괄** 김남원
편집 길유진 박선정 이민주 이지은
디자인 권수아 정진희 **마케팅** 박병건 박미소
출판신고 2016년 11월 15일 제2017-000267호
주소 (03993) 서울시 마포구 월드컵북로6길 88-7 ky21빌딩 2층
전화 02-6357-0050(편집) 02-6357-0051(마케팅)
팩스 02-6357-0052 **전자우편** book@spoonbook.co.kr

ⓒ 서지원, 이승연 2021

ISBN 979-11-6581-073-3 (73810)

* 저작권법에 의하여 한국 내에서 보호를 받는 저작물이므로 무단 전재와 무단 복제를 금합니다.
* 잘못 만들어진 책은 구입하신 곳에서 바꾸어 드립니다.

제품명 고구마 탐정 과학 1	제조자명 주식회사 스푼북	제조국명 대한민국
전화번호 02-6357-0050		
주소 (03993) 서울특별시 마포구 월드컵북로6길 88-7 ky21빌딩 2층		
제조년월 2025년 05월 16일	사용연령 10세 이상	
※ KC마크는 이 제품이 공통안전기준에 적합하였음을 의미합니다.		

⚠ 주 의
아이들이 모서리에 다치지 않게 주의하세요.

고구마 탐정 과학 ①

사라진 대왕 진주 귀걸이

글 서지원 | 그림 이승연

스푼북

작가의 말

 "범죄는 흔하다. 그러나 논리는 흔치 않다!" 어떤 사건 앞에서도 물러서지 않았던 세기의 명탐정 셜록 홈즈는 이런 말을 했지요.
 이 책을 쓰면서 나는 이런 말을 남기고 싶었습니다. "과학은 흔하다. 그러나 논리는 흔치 않다!"
 탐정은 얼마나 멋집니까! 수수께끼 같은 사건을 해결할 때 탐정은 결코 화를 내거나 무력을 쓰지 않습니다. 냉정한 분석력과 철저한 논리로 문제를 해결하고, 범인을 잡지요. 작은 단서 하나로도 사건의 전말을 파악하고, 사람들이 알지 못하는 의외의 범인을 찾아내지요.
 셜록 홈즈 같은 탐정처럼 어려운 문제들을 척척 해결해 나가기 위해서는 많이 아는 것도 중요하지만, 상상력과 창의력이 중요합니다. 또 처음 만나는 문제를 해결하는 능력도 필요하지요.
 노릇노릇 고구마 익는 냄새가 나지만, 탁월한 고구마 탐정은 여러 가지 추리 방법을 활용해 사건을 해결하지요. 증거물에서 단서를 찾아내는 방법, 사건이 일어난 순서를 파악하는 방법, 목격자를 찾아

내는 방법, 목격자의 시선으로 사건 현장을 바라보는 방법, 상대방의 말 속에 숨어 있는 의미를 찾는 방법 등 고구마 탐정이 사용하는 추리 기법은 실제 범죄 사건에서 사용되는 방법입니다.

  고구마 탐정이 이렇게 추리 천재가 된 것은 '과학은 우리 주변에 있다!'라는 생각을 가졌기 때문이에요. 과학은 멀리 있는 공부가 아니라, 우리 주변에 있는 것이라는 뜻이지요. 하늘을 쳐다보면서 오늘의 기온을 추측해 보고, 구름을 관찰하면서 날씨를 예측하며, 길가의 달팽이를 관찰하며 어떤 흔적을 남기는지 알아보지요. 고구마 탐정처럼 추리 천재가 되려면, 세상 모든 것에 호기심을 가져야 해요. 하늘에서 비가 내리면 비는 왜 내리는 것인지, 비는 어디에 있다가 이렇게 쏟아지는 것인지 궁금해하고, 기록해 두었다가 나중에 꼭 찾아보는 거지요.

  어떤 문제를 해결하려고 할 때에는 혼자서 충분히 고민해 보는 시간이 필요해요. 답을 구할 수 없다고 무작정 해답을 보면 안 되지요. 그러면 추리 실력이 좀처럼 늘지 않아요. 자신의 힘으로 문제를 풀려고 노력해야 해요. 그것이 진정한 탐정의 능력입니다! 오늘부터 명탐정이 되었다고 생각하고, 이 세상이 던져 주는 수수께끼를 추리해 보세요. 명탐정은 바로 여러분입니다!

여러분의 친구이자 명탐정 ✕
서 지 원

인물 소개

고구마 탐정

인공 지능보다 더 뛰어난 추리력을 가진 달콤 천재 고구마! 못생겼다지만, 미스터리 사건을 척척 해결한다. 놀라운 추리력을 발휘하면 불타는 고구마처럼 얼굴이 달아오르며, 달콤한 군고구마 냄새가 물씬 퍼진다. 그렇다고 먹지는 말길.

알파독

고구마 탐정의 조수이면서 인공 지능 로봇이다. 장점은 특수한 능력으로 사건 현장에서 증거를 찾아내며, 고구마 탐정에게 고구마 냄새가 나더라도 먹지 않는다. 단점은 사람보다 똑똑해 가끔 사람을 무시한다.

나뚱뚱 경감

별명은 하늘을 나는 햄버거. 장점은 사건 현장에 누구보다 빨리 달려오는 성실한 형사라는 것. 단점은 사건을 잘 해결하지는 못한다는 것. 엉뚱한 추리로 사건을 뒤죽박죽 엉키게 만들기도 한다.

차례

미스터리 사건 파일 #1
유령 방화범 추적 사건
8

미스터리 사건 파일 #2
한밤중에 들려오는 괴성의 비밀
48

미스터리 사건 파일 #3
사라진 대왕 진주 귀걸이
80

〈교과 연계〉

4학년 2학기 과학 2. 물의 상태 변화
6학년 1학기 과학 5. 빛과 렌즈

미스터리 사건 파일 #1

유령 방화범 추적 사건

♟ 추리 열쇠: 렌즈와 빛의 굴절

내 이름은 좀 특이해.

🥔(감자)도 아니고, 🧅(양파)도 아니고, 🥬(배추)는 더더욱 아니야.

내 이름은 (고구마)야. 직업은 탐정이지!

무슨 탐정 이름이 고구마냐고?

나한테는 아주 이상한 병이 있거든. 머리를 열심히 쓰다 보면 어느새 뜨끈뜨끈 열이 나기 시작하는 거야. 생각이 깊

어지면 깊어질수록 내 얼굴은 불타는 고구마처럼 시뻘겋게 달아올라. 그리고 아주아주 이상한 현상이 벌어져.

그래, 바로 고구마 익는 냄새가 몸에서 진동을 하는 거야. 심지어 그때는 이마에서 떨어지는 땀방울까지 찐득찐득하고 달달한 냄새가 난다니까.

한겨울에 사건을 맡게 되면…… 어휴!

그렇다고 내 능력을 얕봐선 안 돼.

사람들이 내 몸에서 나는 달콤하고 맛있는 냄새에 푹 빠져서 코를 킁킁, 킁킁거리는 사이 나는 도저히 해결이 불가능할 것 같은 사건도 말끔하게 해결해 버리지.

고구마 익는 냄새가 강해지면 강해질수록 머리가 더 팽팽 돌아간다고 보면 돼.

어떻게 그런 일이 가능한 거냐고? 나도 잘 모르겠어. 언제부터인가 머리를 아주 많이 쓰면 이렇게 되더라고.

내 충실한 조수 알파독이 겉보기에만 보통 강아지인 게 얼마나 다행인지! 만약 알파독이 진짜 강아지였다면 고구마처럼 익어 가는 내 머리를 왕 하고 물어뜯어 버렸을지도 몰라.

그다음은…… 윽, 상상만 해도 비참해지는군.

다행히도 알파독은 강아지랑 똑 닮은 로봇이야. 내 머리를 뜯어 먹을 일은 절대 없다는 뜻이지.

아무튼 어떤 사건이든 맡겨만 줘.

최첨단 로봇인 알파독을 이용해 단서를 찾아낼 거야. 그리고 나의 이 명석하고 맛있는 머리, 아니 빼어난 머리로 사건을 술술 해결해 줄 테니까 말이야.

그날도 나는 어김없이 점심을 먹고 나서 알파독과 산책을 하고 있었지.

"밥을 먹고 나면 산책을 해야 해."

"왈!"

"안 그러면 뱃살이 불룩, 옆구리 살이 삐죽! 살이 흘러 넘치는 나뚱뚱 경감처럼 될……."

나는 말을 멈춘 채 그 자리에 멈춰 섰어.

우리 앞에 나뚱뚱 경감이 떡하니 버티고 서 있었거든.

"방금 내 이야기를 하고 있었나, 고구마 탐정?"

"서, 설마요."

"이상하군. 틀림없이 내 이름을 말하는 것 같았는데."

하여간! 귀는 엄청 밝다니까. 나랑 알파독은 어색한 표정으로 웃음을 지으며 뒷걸음을 쳤어.

아차, 나뚱뚱 경감에 대한 소개가 늦었군.

나뚱뚱 경감은 사건이 터졌다 하면 누구보다 빨리 현장으로 달려와. 저 뚱뚱한 몸으로 얼마나 날래고 잽싸게 행동하는지 몰라! 나뚱뚱 경감이 달려오는 걸 보면 딱 한 가지가 떠오르지.

그게 뭐냐고? 크큭! 어쩌면 눈치 빠른 사람들은 짐작했을지도 모르겠군.

그래, 바로 하늘을 나는 햄버거야.

나뚱뚱 경감이 황토색 양복에다가 초록색 와이셔츠를 입은 날이면 푸하하 하고 웃음부터 터져 나와.

사건 현장을 향해 달려오는 나뚱뚱 경감의 모습이 꼭 하늘을 슈웅 날아오는 햄버거 같거든.

"또 잘난 척할 셈인가, 고구마 탐정!"

나뚱뚱 경감은 나를 자신의 라이벌이라고 생각하나 봐.

내가 해결하는 사건이라면 뭐든 사사건건 간섭을 하려 들고, 엉뚱한 추리로 사건을 뒤죽박죽 뒤엉키게 만들지.

"그나저나 나뚱뚱 경감님께서 여긴 어쩐 일이세요?"

"사건이라도 벌어졌나요?"

나랑 알파독이 귀를 쫑긋하며 물었어.

그러자 나뚱뚱 경감은 아무 말도 하지 않겠다는 듯 입을 꾹 다물었지.

그 모습을 본 나는 어디선가 사건이 벌어졌다는 걸 눈치챌 수 있었지. 척하면 차, 아 하면 어, 가 하면 나인 법이잖아.

"경감님, 무슨 사건이죠?"

사, 사건은 무슨! 아무 일도 없다네.

"경감님의 눈동자가 심하게 흔들리고 있어요. 게다가 말을 할 때마다 눈을 깜빡거리고 있잖아요."

내가 다그치듯 묻자 나뚱뚱 경감은 하는 수 없다는 듯 고개를 푹 숙였어. 그러고는 손끝으로 골목 안쪽에 있는 이층집을 가리켰어.

"저길 좀 보게."

경감이 가리킨 주택의 창가는 시커멓게 그을려 있었고 창문 밖으로 매캐한 연기가 새어 나오고 있었어.

"저 집에서 불이 났었나요?"

"그래, 저 집은 유명한 박사의 연구실이야."

"뭘로 유명한 박사인데요?"

"그냥 유명한 박사라네."

"네?"

나뚱뚱 경감은 박사를 자꾸 유명하다고 강조했어. 나는 도대체 무얼 연구하는 박사냐고 계속 따지

듯이 물었지. 그때 알파독이 나를 툭툭 잡아당겼어.

"왜 그래?"

"여기 집주인 이름이 유명한이야."

"세상에! 그럼 그냥 유명한 박사잖아."

"그래서 내가 몇 번이나 말했잖아!"

나뚱뚱 경감이 억울하다는 듯 빽 소리쳤지.

유명한 박사는 중요한 실험을 하고 있었는데, 그사이에 연구실 책상에 불이 났대. 그 바람에 박사의 연구 논문이 홀랑 타 버렸다지 뭐야.

"대체 어쩌다 불이 난 거죠?"

바로 그때 아주 두꺼운 안경을 쓴 남자가 소리쳤어.

그 남자는 바로 이층집의 주인인 유명한 박사였지.

"나는 한번 연구를 시작하면 밤이 하얗게 새는 줄도 모를 정도로 집중을 하지. 내가 생각해도 정말 대단한 집중력이야!"

박사는 불이 나기 전날 밤에도 늦도록 조수와 함께 연구를 계속했다지.

"동이 틀 무렵이 되어서야 우린 연구를 멈추었다오."

박사와 조수는 잠깐 눈을 붙이기로 했대. 그렇게 얼마나 시간이 흘렀을까. 박사는 매캐한 연기 때문에 콜록콜록 기침을 하며 눈을 뜨게 되었어.

그 순간 박사의 눈이 휘둥그레졌지.

책상 위에 놓아 둔 중요한 자료에 불이 붙어 있었던 거야. 박사는 허둥지둥 불을 끄려고 애썼어. 하지만 종이에 붙은 불은 눈 깜짝할 사이에 책상 전체로 번졌지 뭐야. 불은 걷잡을 수 없을 정도로 활활 타올랐어.

"으악! 불이야, 불!"

뒤늦게 달려온 조수가 물을 뿌려 보았지만 불길을 잡기에는 역부족이었어.

결국 박사는 소중한 연구 자료를 몽땅 잃고 말았지.

"이건 음모야, 음모! 내가 연구를 하지 못하도록 훼방 놓으려는 사람의 짓이 틀림없어."

유명한 박사가 이를 바득바득 갈았어.

나와 나뚱뚱 경감, 그리고 알파독은 불이 난 박사의 연구실로 직접 가 보았지.

박사의 말대로 불이 붙었던 나무 책상이 시커멓게 타 있는 게 보였어. 중요한 연구 자료들은 나풀거리는 회색빛 재가 되어 버린 지 오래였지.

"누구든 의심 가는 사람이 있나요?"

나뚱뚱 경감이 주위를 살펴보며 물었어.

"나는 내 조수가 매우 의심스럽소."

박사는 기다렸다는 듯 대답했지.

유명한 박사는 자신의 조수가 연구 결과를 가로채려고 한 게 아닐까 하고 의심하고 있었어.

"당장 조수를 체포해야겠군요!"

흥분한 나뚱뚱 경감은 당장 조수를 체포하려 했지.

하지만 나, 고구마 탐정은 반대했어.

탐정이 누군가를 의심할 땐 반드시 이유가 있어야 하는 법!

나는 먼저, 박사의 연구 자료가 사라졌을 경우 조수가 어떤 이득을 보는지 알아보아야 한다고 주장했어.

"내가 연구에 실패하면 다음 연구를 맡게 될 사람이 바로 조수라오. 그걸 노리고 훼방을 놓은 거지."

"오호라, 범인을 찾았다!"

나뚱뚱 경감은 조수가 범인이라고 확신했어.

"아뇨, 보다 정확한 증거가 있어야 해요!"

"이보시오. 여긴 나와 조수 말고는 아무도 들어올 수 없다오. 청소하는 아주머니도 이 방만큼은 들어오지 못하도록 했지."

유명한 박사는 오직 둘만 들어올 수 있는 방에서 불이 났다면 당연히 범인은 둘 중 하나가 아니겠느냐고 말했어.

"맞아, 내가 꼼꼼히 살펴봤는데 누군가 창문을 통해 몰래 들어온 흔적도 없었어!"

나뚱뚱 경감도 한몫 거들었지.

"조수는 지금쯤 '한가해 공원'에서 운동을 하고 있을 거라는군요. 우선 그를 만나 보도록 하죠."

내가 말하자 나뚱뚱 경감이 흥분해서 외쳤어.

"만나 볼 필요도 없어. 범인은 조수야!"

"조수가 그랬다는 증거도 없잖아요."

"그건 그렇지만……."

나뚱뚱 경감이 말을 얼버무렸어.

이렇게 해서 우리는 '한가해 공원' 어딘가에 있을 조수를 찾아가게 되었지. 그런데 하필 공원에서 '분주해 축제'를 하고 있었지 뭐야. 공원은 축제를 즐기러 온 사람들로 북적북적! 사람이 많아서 발 디딜 틈이 없을 정도였지.

"이 사람들 사이에서 조수를 무슨 수로 찾아낸담!"

나뚱뚱 경감이 사람들 사이에서 폴짝폴짝 뜀뛰기를 하며 주위를 두리번거렸어. 경감이 뛸 때마다 땅이 쿵쿵, 마치 지진이라도 난 것처럼 흔들렸지.

"그만 뛰어요! 이러다가 땅 꺼지겠어요."

나는 알파독에게 조수의 사진을 내밀었어.

"알파독, 이 사진 속의 인물을 찾을 수 있겠니?"

조수의 얼굴이 정확하게 나와 있지 않아서 어려울 것 같은데……

"맞다, 조수는 빨간 모자를 항상 쓰고 다닌다고 했어."

"빨간 모자만을 단서로 조수를 찾는 건 불가능해. 여긴 빨간 모자를 쓴 사람이 엄청 많다고!"

나뚱뚱 경감이 소용없다는 듯 손을 절레절레 흔들었어.

"모자 말고도 단서는 많아요. 바로 조수의 키와 몸무게죠. 조수는 키가 아주 작은 데다가 몸이 삐쩍 말랐다고 했어요."

"아하, 그럼 빨간 모자를 쓰고 있는 사람 중에 키가 작고 몸이 삐쩍 마른 사람을 찾으면 되겠군!"

"그리고 얼굴엔 주근깨가 가득하다고 했고요."

"그래, 그럼 빨간 모자를 쓰고 있는 사람 중에 키가 작고 몸이 비쩍 마른 데다가 얼굴에 주근깨가 가득한 사람만 찾으면 되겠군!"

나뚱뚱 경감이 턱살을 출렁이며 고개를 끄덕끄덕했어.

그사이 알파독이 사람들의 얼굴을 빠른 속도로 스캔하기 시작했어.

"찾았다!"

알파독이 조수를 찾아내기 무섭게 나뚱뚱 경감이 덥석!

경감은 조수의 팔목을 붙잡더니 수갑을 찰카닥 채웠어. 놀란 조수가 대체 왜 이러는 거냐며 볼멘소리를 했지.

"유명한 박사의 연구 자료를 불태운 게 바로 너지?"

"자료를 불태우다니요!"

조수는 절대 자기가 한 짓이 아니라며 손을 휘휘 저었어.

"저는 박사님이 주무시는 동안 공원에서 에어로빅을 하고 있었다고요!"

조수는 공원에 있던 자신이 어떻게 불을 지를 수 있었겠느냐고 물었어. 나뚱뚱 경감은 인상을 찌푸리며 말했지.

"뭔가 아주 교묘한 장치를 해 두었겠지!"

"대체 무슨 장치를 말하는 거죠?"

"그, 그건!"

말문이 탁 막힌 나뚱뚱 경감이 우물쭈물 망설였어.

"저는 평소와 다름없이 박사님께 시원한 (얼음물)을 갖다드리고 나서 공원으로 왔어요."

"얼음물?"

"박사님은 잠자기 전에 꼭 얼음물을 드신단 말이에요."

유명한 박사는 시원한 물을 엄청 좋아한대. 잠자기 전에는 반드시 얼음물을 벌컥벌컥 들이켜는 버릇이 있다지.

"세상에, 정말 특이한 버릇이로군!"

나뚱뚱 경감은 혀를 내둘렀어.

그 사이, 에어로빅을 하던 아줌마들이 우르르 몰려왔지.

"아니, 무슨 일인데 그러세요?"

"조수가 뭘 잘못했나요?"

나뚱뚱 경감은 아줌마들에게 조수의 알리바이에 대해

물었어.

"맞아요, 조수는 아침부터 우리랑 에어로빅을 했어요. 그리고 좀 전에는 잔디밭에 모여 앉아 (삼겹살)을 구워 먹었죠."

"오, 삼겹살!"

나뚱뚱 경감이 군침을 흘리며 말했어.

"기름이 자글자글 흐르는 삼겹살을 상추에 싸서 먹으면……!"

"꿀꺽!"

"운동하고 나서 먹는 삼겹살이 최고지!"

"맞아, 정말 둘이 먹다가 하나 죽어도 모를 정도로 맛있다니까!"

아줌마들이 호호호 웃음을 터트렸어.

"그래, 이제 당신의 알리바이는 깨졌어!"

갑자기 나뚱뚱 경감이 조수를 향해 버럭 소리쳤지.

"그게 대체 왜요?"

"당신은 아줌마들이 삼겹살을 먹느라 정신이 팔린 사이에 몰래 박사의 집으로 들어가서 자료들을 불태운 거지?"

나뚱뚱 경감은 조수를 범인으로 몰아붙였어.

조수는 억울하다며 눈물을 흘렸지.

"고구마 탐정, 왜 끼어들어서 잘난 체하지 않는 거야? 후후후! 이번엔 내 추리가 너무 완벽했나 보지?"

"그게 아니라……."

나는 대답을 하다 말고 가슴을 쾅쾅 쳤어.

나뚱뚱 경감 때문에 속이 답답해서 견딜 수가 없었던 거야. 마치 고구마 열 개쯤을 한꺼번에 먹고서 물 한 모금 마시지 않은 듯한 느낌이랄까?

그사이 유명한 박사가 공원으로 찾아왔어. 박사는 다짜고짜 조수를 향해 불에 탄 연구 자료를 몽땅 되돌려 놓으라고 소리쳤지.

"제가 불을 지른 게 아니라고요!"

"그럼 대체 누가 불을 질렀다는 거야?"

"그야 저도 모르죠! 이것 참 귀신이 곡할 노릇이네. 불이 저절로 났을 리도 없고……."

조수가 투덜거리며 입술을 삐죽였어.

바로 그때 내 머릿속에 뭔가 스치고 지나갔지.

"잠깐, 불이 저절로 났다고요?"

뭔가 단서를 찾아낸 거야?

오호라, 이제 알았다!

단서라고? 대체 무슨 단서가 있다는 거야?

"알파독, 불이 나기 전에 책상의 모습이 어땠는지 보여 줘."
"왈왈!"
불이 난 현장 사진을 스캔해 두었던 알파독은 재빨리 프로그램을 작동시켰어. 그러자 까맣게 재가 되어 버리기 직전의 모습이 나타났지.

"으, 박사님은 정말 책상을 지저분하게 쓰시는군요."

책상 위에는 연구 자료가 어지럽게 놓여 있었고, 그 옆에는 얼음물이 담겨 있는 유리컵이 놓여 있었지.

나는 현장 사진을 아주 골똘히 바라보았어. 그러자 어디선가 노릇노릇 고구마 익는 냄새가 진동하기 시작했지. 생각을 깊이 하면 할수록 맛있는 냄새가 폴폴 났어. 내 머리가 고구마처럼 익고 있었던 거야.

"킁킁, 이 냄새는……!"

나뚱뚱 경감이 꼬르륵거리는 배를 움켜쥐며 소리쳤어.

정말 군침 도는 냄새로군요!

조수도 군침을 꿀꺽 삼키며 말했어.

"향수를 뿌린 것도 아닌데 어떻게 이런 냄새를 풍길 수 있는 거지? 당장 연구를 시작해야겠군!"

박사도 흥미롭다는 듯 나를 바라보았지.

그 모습을 본 알파독이 자랑스럽게 말했어.

"노릇노릇 달큰한 고구마 냄새! 이 냄새가 난다는 건 바로 고구마 탐정이 사건을 해결할 실마리를 찾아냈다는 뜻이죠!"

잠자코 있던 나는 모두를 향해 말했지.

"범인은 조수가 아니라 바로 박사님이었어요."

유명한 박사가 기가 막힌 듯 팔짝 뛰었어.

뭐?
내, 내가 범인이라고?

"네, 엄밀히 말하면 박사님의 버릇이 불을 낸 거죠."
"내 버릇이라고?"
"박사님은 잠자기 전에 꼭 얼음물을 드신다고 했죠?"
"그래, 얼음장같이 차가운 물을 한 모금 들이켜고 나면 잠이 솔솔 쏟아지거든."

유명한 박사는 자기의 젊고 탱탱한 얼굴은 얼음물을 자주 마셔 준 덕분이라며 은근히 자랑을 늘어놓았어.

"그래요, 범인은 바로 얼음이 든 컵이에요!"

내 말을 들은 박사가 코웃음을 쳤어.

"말도 안 돼. 몇 달 동안 모은 연구 자료를 태운 게 얼음이라고? 그런 말을 누가 믿겠어!"

"굳이 잘못을 따지자면 하필 해가 가장 뜨거운 오후까지 늦잠을 잔 것이 잘못이죠. 박사님이 마시다 말고 놓아두었던 컵 속의 얼음이 볼록 렌즈가 되어서 불을 붙인 거예요."

나와 알파독이 박사를 향해 말했어.

"맞아요, 책상을 어지럽혀 놓은 채로 정리하지 않은 것도 한몫을 했고요!"

조수도 한몫 거들었지.

유명한 박사는 마치 넋이 나간 듯 멍한 표정으로 우두커니 앉아 있기만 했지.

 내가 설명해 주지. 왈왈!

볼록 렌즈는 빛을 모으는 렌즈예요.

검은색 종이에 돋보기로 햇빛을 모아 초점을 맞추면 불이 붙어요.

그런데 돋보기 대신 얼음을 이용해도 불을 붙일 수 있어요.

아래가 둥근 그릇에 맑은 물을 부은 다음 꽁꽁 얼리면 한쪽은 판판하고 다른 한쪽은 볼록한 얼음 렌즈가 돼요.

이 얼음 렌즈의 볼록한 부분으로 종이에 돋보기처럼 햇빛을 모으면 불이 붙게 된답니다.

북극이나 남극에서는 이 방법을 이용해 얼음으로 불을 피우기도 해요.

"고구마 탐정, 이번에도 자네 덕분에 사건을 해결했어."
나뚱뚱 경감이 겸연쩍은 듯한 표정으로 말했어.
"됐어요, 이깟 일로 고마워할 건 없어요."
"흥, 물론이지! 절대 고맙지 않아. 그 정도 추리쯤은 누구나 할 수 있는 거니까 말이야!"
나뚱뚱 경감이 불룩 튀어나온 젤리 같은 배를 툭 튕기며 말했어. 비록 말은 저렇게 했지만 나뚱뚱 경감은 속으로는 나랑 알파독에게 엄청 고마워하고 있을 거야.

조수도 고맙다며 눈물을 글썽였어.
나는 어깨를 으쓱하며 미소를 지었지.
나와 알파독은 다시 한가롭고 느긋한 산책을 즐기게 되었어.
"밥 먹은 게 몽땅 소화되어 버렸나 봐."

"나도 배에서 꼬르륵 소리가 나."

"이럴 게 아니라 사무실로 돌아가서 간식으로 사 둔 고구마 칩을 먹도록 하자!"

"좋은 생각이야!"

나랑 알파독이 부랴부랴 사무실로 돌아가려 할 때였어. 갑자기 유명한 박사가 우리 앞을 떡하니 가로막지 뭐야.

"고구마 탐정!"

"무슨 일이시죠?"

박사는 아주 심각한 표정으로 나를 노려보았어.

"새로운 사건이 벌어지기라도 했나요?"

"아니, 그게 아니라 방금 자네 몸에서 났던 그 맛있는 고구마 냄새 말이야. 어떻게 한 건가?"

킁킁킁, 매우 흥미롭구먼…….

"아, 그건……."

나도 어떻게 된 영문인지 모르겠다며 머리를 긁적였지.

그러자 박사가 눈을 반짝이며 말했어.

"난 이제부터 그 비밀을 연구해 볼 생각이라네! 내가 자네를 관찰할 수 있도록 허락해 주게."

"저를 관찰하겠다고요?"

"그래, 난 냄새의 비밀을 꼭 밝혀야겠어!"

박사는 당장이라도 내 몸을 샅샅이 해부해 버릴 듯한 기세였지. 조수도 만만치 않았어. 수풀 속에서 불쑥 튀어나온 조수는 내 몸에서 나는 냄새를 수집하고 싶다며 이상한 약

품을 뿌려 댔어.

"고구마 탐정 살려!"

나는 부랴부랴 도망치기 시작했지.

"거기 서! 난 궁금한 건 절대 못 참는 성격이란 말이야!"

"저도 마찬가지예요!"

유명한 박사와 조수가 나를 쫓아오기 시작했어. 나는 젖 먹던 힘까지 쥐어짜 도망쳐야만 했지.

"으악, 나 고구마 탐정이 미스터리한 사건은 해결했지만 이 골칫덩어리들은 해결 못 했군!"

도전! 고구마 탐정의 과학 추리 퀴즈
김아무개 씨의 위조 계약서 사건

나뚱뚱 경감이 부랴부랴 나 고구마 탐정을 찾아왔어. 아주 해결하기 힘든 복잡한 사건이 생겼다지 뭐야. 과연 어떤 사건일까?

안경 없이는 아무것도 제대로 볼 수 없는 김아무개 씨가 작은 글자로 쓰인 계약서는 어떻게 읽은 걸까? 사건의 열쇠는 바로 '다른 것이 사는 집'이야.

※다음 그림에서 힌트를 찾으세요!

김아무개 씨의 거실

다른 것이 사는 집이라면……. 이 엉터리! 설마 저기 있는 쥐구멍 속에 사는 쥐들이 계약서를 읽어 줬다는 거야?

에이, 아니죠! 우리 생활 속에서 볼록 렌즈의 역할을 할 수 있는 도구들을 찾을 수 있잖아요.

김아무개 씨의 거실에는 물이 들어 있는 어항이 있어요. 김아무개 씨는 어항을 이용해서 계약서의 글자를 읽은 거예요!

사건 해결!

탐정이 되기 위해 꼭 알아야 할 과학 원리

볼록 렌즈와 오목 렌즈 속에 숨은 비밀

와, 렌즈가 엄청 두꺼워!

그 렌즈는 가운데가 볼록하고 두꺼워서 볼록 렌즈라고 해. 물체가 크게, 또는 거꾸로 보이도록 하는 특징이 있지.

※ 알파독이 돋보기로 글자를 보고 있는데 책에서 연기가 모락모락 나는 이유는?

엇! 불, 불이야!

조심해! 볼록 렌즈는 빛을 한곳으로 모이게 한단 말이야.

우리가 눈이 나쁠 때 쓰는 볼록 렌즈나 오목 렌즈는 빛이 굴절하는 원리를 이용한 거야. 볼록 렌즈는 가운데 부분이 가장자리보다 두껍고 볼록한 렌즈이고, 오목 렌즈는 가운데 부분이 가장자리보다 얇은 모양의 렌즈를 말해.

볼록 렌즈로 물체를 보면 물체가 크게 보이기도 하고, 물체가 거꾸로 보이기도 해. 물체가 볼록 렌즈 가까이 있을 때는 크기가 더 크게 보이고, 물체가 멀리 있으면 실물보다 크기가 작아지는 데다가 거꾸로 보이게 돼. 게다가 볼록 렌즈는 빛을 한데 모으는 성질이 있어서, 빛을 모아 종이에 비추면 종이에 연기가 피어오르게 돼.

볼록 렌즈

오목 렌즈는 볼록 렌즈와는 반대로 빛을 퍼지게 하는 성질이 있지. 오목 렌즈는 가까이 있는 물체는 작게 보이게 만들고, 멀리 떨어져 있는 물체는 더 크게 보이도록 만들어.

오목 렌즈

〈교과 연계〉
3학년 2학기 과학 5. 소리의 성질

미스터리 사건 파일 #2

한밤중에 들려오는 괴성의 비밀

♟ 추리 열쇠: 소리와 매질

고미술품 수집가인 안깔끔 씨의 집은 한마디로 돼지우리였어.

안깔끔 씨의 집을 찾아온 사람들은 코부터 틀어막았지. 어디선가 풍겨오는 지독한 악취 때문에 숨을 쉴 수 없었던 거야.

그러거나 말거나 안깔끔 씨는 아랑곳하지 않았어.

아니, 집 안이 더럽다는 걸 알지도 못하는 듯했지. 언제나 그렇듯 안깔끔 씨는 집에 들어오면 양말을 아무렇게나 훌훌 벗어 던지고 소파에 벌렁 드러누운 채로 텔레비전을 틀어 놓았지. 그러다 배가 고프면 냉장고에서 냉동 피자를 꺼내 전자레인지에 돌려 먹었고.

부엌은 더 지저분했어. 몇 달째 씻지 않은 그릇들이 산더미처럼 쌓여 있었거든.

안깔끔 씨에겐 고양이 가필드가 유일한 친구였대.

사실 고양이 가필드 역시 지저분하긴 마찬가지였지. 대부분의 고양이들은 화장실을 기가 막히게 가려. 그런데 가필드는 귀찮을 땐 아무데서나 볼일을 보는 건방진 고양이였지 뭐야.

> 아, 시원하다. 역시 볼일은 아무 데서나 봐야 제맛이라니까!

안깔끔 씨는 뜨끈뜨끈하고 냄새나는 뭔가를 밟곤 했지. 그래, 바로 가필드의 똥이었어. 그러나 안깔끔 씨는 아랑곳하지 않았지.

똥이 묻은 양말을 훌훌 벗어서 거실에 툭 던져 놓고는 소파로 몸을 푹 날리는 거야. 그러고는 불도 끄지 않고 그대로 잠이 들지.

안깔끔 씨는 잠을 잘 때만큼은 좀 깔끔하냐고? 천만에. 안깔끔 씨가 자다가 엉덩이를 북북 긁어 대. 그러고는 방귀를 북북, 부부부북 뀌어 대지.

그 소리가 얼마나 요란하고, 냄새는 또 얼마나 지독한지!

글쎄, 옆집 사람들이 자다 말고 벌떡 일어나서 "이게 무슨 소리지?" 하고 놀라서 소리칠 정도라니까.

아무튼 그날도 안깔끔 씨는 샤워도 하지 않고, 잠옷으로 갈아입지도 않은 채로 잠이 들었지.

그런데 귓가에 투투 투투 하는 엄청난 소리가 들려왔지 뭐야. 그 소리가 얼마나 컸는지 안깔끔 씨는 놀라서 눈을 번쩍 떴어. 소리 때문에 고막이 터지는 줄 알았다니까.

"무, 무슨 일이 벌어진 거지?"

"냐옹!"

소리 때문에 혼이 쏙 빠질 정도로 놀란 안깔끔 씨는 문을 열고 밖으로 뛰쳐나갔어. 그러고는 더듬더듬 떨리는 목소리로 소리쳤지.

"저, 전쟁이 나, 난 게 틀림없어! 방금 폭탄 터지는 소리가 났다고! 동네 사람들! 전쟁이 났어요, 전쟁이!"

그때 어디선가 따르릉따르릉하는 소리가 울려 오지 뭐야. 안깔끔 씨는 소리가 나는 곳을 찾아 두리번거렸어.

작은 공중전화 부스가 눈에 들어왔지. 따르릉 벨 소리는 공중전화에서 울린 것이었어.

"여보세요?"

안깔끔 씨는 조심스럽게 공중전화 수화기를 집어 들었어. 그러자 낯선 목소리가 들려왔지. 통화 음질이 좋지 않았지만 어쨌건 여자의 목소리가 틀림없었어.

"안녕하세용!"

여자는 콧소리를 내며 말했어.

"누구시죠?"

안깔끔 씨가 묻자 여자가 또 코를 흥흥거리며 대꾸했지.

"방금 엄청나게 큰 폭탄 소리를 들으셨죵?"

"그, 그걸 어떻게!"

"지금부터 제가 시키는 대로 하세용. 안 그러면 당신은 저주를 받게 될 거예용!"

"저, 저주라고요?"

안깔끔 씨는 하늘이 노래지는 것 같았어.

"네, 먼저 손으로 코끼리 코를 한 다음 그 자리에서 열 바퀴를 도세요. 그리고 앞으로 쭉 걸어가다 보면 작은 상자가 하나 있을 거예요. 그 상자를 열어 보세용!"

여자는 이상한 명령을 내렸지.

"그 상자에 뭐가 들었는데요?"

"그건 미리 말해 주면 재미없잖아용. 어서 시키는 대로 하세용."

여자가 흥흥 콧방귀를 뀌며 말했어.

안깔끔 씨는 여자의 말대로 손으로 코끼리 코를 만든 다음 뱅글뱅글 돌기 시작했지.

처음 세 바퀴까지는 끄떡없었어. 그런데 네 바퀴, 다섯 바퀴…… 아홉, 열 바퀴를 돌고 나니 하늘이 뱅글뱅글, 땅도 뱅글뱅글…… 머리는 어질어질하고 속은 울렁울렁했지.

"그, 그렇지! 그 여자가 앞으로 쭉 걸어가랬어."

안깔끔 씨는 비틀거리면서 앞을 향해 걷기 시작했어.

"상자를 찾아야 해, 상자!"

그렇게 얼마나 걸었을까. 여자의 말대로 눈앞에 작은 상자 하나가 놓여 있었어. 안깔끔 씨는 허둥지둥 상자를 열어 보았어. 그러자 이게 웬일이야? 상자 속에는 작은 봉투가 하나 들어 있는 게 아니겠어! 그 봉투 속에는 편지가 있었어.

"뭐라고 쓰인 편지일까?"

편지를 열어 본 안깔끔 씨의 눈이 휘둥그레지고 말았어. 그 속에는 '속았지롱!'이라는 글이 쓰여 있었거든.

순간 잠시 안드로메다로 날아갔던 안깔끔 씨의 정신이 퍼뜩 돌아왔어. 집에 엄청나게 값나가는 고미술품들이 놓여 있다는 게 생각난 거야. 문도 잠그지 않고 밖으로 뛰어나왔으니 큰일이다 싶었지.

집으로 부랴부랴 달려간 안깔끔 씨는 그 자리에 털썩 주저앉고 말았어. 그토록 귀한 고미술품들이 몽땅 사라지고 없었던 거야. 결국 안깔끔 씨는 경찰에 전화를 걸어야만 했지.

그러니까 폭탄 터지는 소리를 듣고 놀라서 밖으로 나갔다가 이상한 전화를 받았다는 거죠?

"네. 당장 내 물건을 찾아 줘요! 그게 얼마짜린데!"
안깔끔 씨는 가슴을 쾅쾅 내리치며 덧붙였어.
"어떤 여자가 나한테 코끼리 코를 하고서 열 번을 뱅글뱅글 돌라고 시켰어요."
"도대체 왜 그런 걸까요?"
"그건 경찰이 알아내야죠!"
안깔끔 씨가 발끈히며 소리치자 나뚱뚱 경감이 풀 죽은 목소리로 대답했어.
"그거야 그렇죠……. 걱정 마세요, 이제부터 우리 경찰이 범인을 찾아낼 테니까요."

하지만 나뚱뚱 경감은 범인이 누구인지 감을 잡을 수 없었지. 고미술품이 어디로 사라졌는지도 짐작할 수 없었고.

이렇게 해서 나와 알파독이 사건 현장인 안깔끔 씨의 집으로 출동하게 됐지.

고구마 탐정, 부탁하네. 이 사건을 맡아 줘.

"헉, 집이 왜 이렇게 지저분하죠? 도둑이 그런 건가요?"

나는 코를 틀어막으며 물었어. 안깔끔 씨는 고개를 저으며 말했지.

"우리 집은 멀쩡한 걸요. 범인은 신기하게도 고미술품만 감쪽같이 가져갔어요. 마치 지뢰를 피하듯이 바닥에 널브러져 있는 고양이 똥도 쏙쏙 피해 다녔다니까요."

그때 나에게 나뚱뚱 경감이 귓속말을 했어.

"저 사람은 지저분하기로 소문난 사람이래. 청소를 워낙 싫어해서 이웃들과도 툭하면 싸우곤 했다지 뭐야."

"그렇군요!"

나는 날카로운 눈으로 안깔끔 씨의 집 안을 살펴보았어. 알파독은 사건 현장을 하나도 빠짐없이 스캔하기 시작했지.

"뭐 좀 알아낸 게 있나?"

나뚱뚱 경감이 물었어.

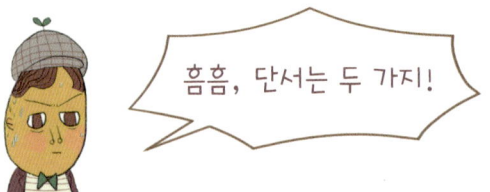

흠흠, 단서는 두 가지!

"첫째, 범인은 아주 가까이 사는 사람일 거예요. 범인은 이 집을 자주 찾아왔을 거예요. 그리고 두 번째, 범인은 안깔끔 씨의 행동을 아주 잘 알고 있는 사람이에요."

"아니, 어째서?"

"이렇게 지저분한 곳에서 다른 물건은 건드리지 않고 고미술품만 쏙쏙 가져간다는 건 어려운 일이에요. 틀림없이 집 안 상태가 어떤지 잘 알고 있는 사람일 거예요."

"그렇군!"

나뚱뚱 경감은 최근 방문자가 누구였는지 확인해 보았지. 그러자 두 사람의 용의자가 나왔어. 한 사람은 건물을 관리하는 관리인이었고, 또 한 사람은 옆집에 사는 아주머니였지.

평소 안깔끔 씨를 어떻게 생각하셨나요?

정말 솔직하게 말해도 되나요? 아주아주 지저분한 사람이에요! 쓰레기도 아무렇게나 버리죠. 거기다가 청소를 얼마나 안 하는지 그 집 앞을 지날 땐 냄새 때문에 몸서리가 쳐질 지경이에요.

평소 안깔끔 씨를 어떻게 생각하셨나요?

그 방귀쟁이 인간! 잠잘 때만큼이라도 똥구멍을 확 틀어막고 싶어요! 자다가 투투투투! 투투투투! 이런 방귀를 뀐다고요. 소리가 얼마나 큰지 놀라서 잠을 깰 때가 한두 번이 아니었어요. 거기다가 냄새는 또 얼마나 독한지……!

지, 진정하세요, 아주머니.

그 모습을 본 나뚱뚱 경감이 눈을 번뜩이며 묘한 미소를 지었지.

나는 제발 나뚱뚱 경감이 나서지 말아 주었으면 하고 바랐어. 하지만 어디 그게 마음대로 되는 일이겠어?

"내 값비싼 고미술품을 훔쳐 간 사람이 대체 누군가요?"

순간 안깔끔 씨가 눈을 치켜뜨며 물었어.

"범인은 바로……."

나는 속으로 '제발 엉뚱한 추리를 멈춰!'라고 외쳤어.

"바로?"

"저 아주머니가 틀림없습니다!"

나뚱뚱 경감이 옆집 아주머니를 가리켰어.

"시치미를 떼도 소용없어요. 아주머니! 증거가 이미 다 나와 있잖아요."

범인이 누군지 알아냈어!

"증거라니, 무슨 증거요?"

"안깔끔 씨, 공중전화에서 들려온 목소리가 어땠다고 했죠?"

"어떤 여자가 자꾸 흥흥거리면서 콧소리를 내며 말했어요. 별로 고운 목소리는 아니었죠."

안깔끔 씨가 기억을 더듬으며 말했어. 나뚱뚱 경감은 그것 보라는 듯 아주머니를 흘겨보았지.

"지금 내가 공중전화를 걸었단 말인가요?"

"여기서 여자는 아주머니밖에 없으니 당연한 거죠!"

"다른 사람의 목소리일 수도 있잖아요!"

"에이, 굵고 낮은 남자 목소리가 어떻게 여자 목소리처럼 들리겠어요?"

"경감님, 남자도 얼마든지 여자처럼 높은음을 낼 수 있다고요."

나는 한심하다는 듯 말했어.

"소리의 높고 낮은 정도를 소리의 높낮이라고 하죠. 관악기는 길이에 따라 소리의 높낮이가 달라져요. 악기의 길이가 짧을수록 소리가 높아지고, 길면 길수록 소리가 낮아져요."

"높낮이에 따라 길이가 달라진다고?"

"그래요. 기타나 바이올린 줄도 마찬가지죠. 줄이 짧으면 높은 소리를 내고 줄이 긴 것은 낮은 소리를 내요."

나는 여자의 목소리가 남자보다 높은 까닭은 성대의 길이가 짧기 때문이라고 했어.

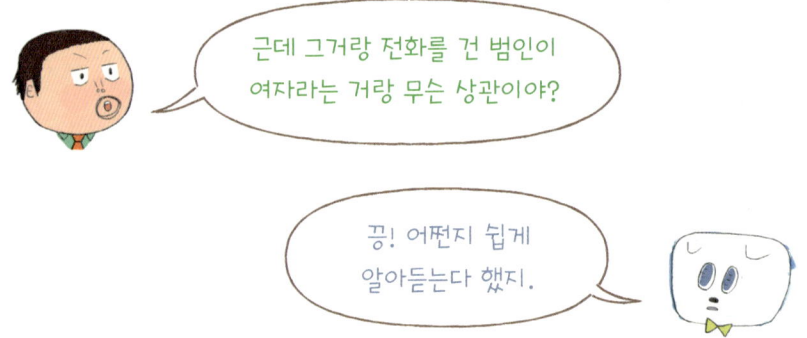

"소리가 높고 낮은 것은, 진동수에 따라 달라지기도 해요. 진동수가 높으면 높을수록 더 높은 소리가 나고, 진동수가 낮으면 낮을수록 더 낮은 소리가 나거든요."

"진동…… 뭐……?"

 후유, 자 다시 설명해 줄게.

사람 목에는 소리를 내는 성대라는 기관이 있어요.

우리가 말을 하면 성대가 울리면서 목소리가 나게 되는 것이죠.

그런데 여자는 성대가 짧고, 남자는 성대가 길어요.

길이가 짧은 악기일수록 진동수가 많다는 건 이미 알고 있을 거예요.

여자는 남자보다 성대 길이가 짧아요. 그래서 더 많이 진동하게 되죠.

남자 중에도 여자처럼 높은 소리를 낼 수 있는 사람들이 있어요. 그 사람들은 성대의 길이가 짧거나 성대를 더 많이 진동시켜서 높은 소리를 내는 거랍니다.

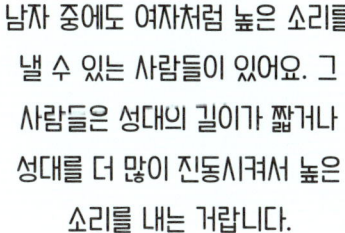

"그래서?"

"남자도 소리를 낼 때 성대가 더 많이 진동하게 만들면 여자처럼 높은 소리를 낼 수 있다고요."

그렇게 말한 나는 관리인을 힐끗 노려보았어. 관리인의 얼굴은 아주 새파래져 있었지.

"저 관리인 아저씨가 진동기를 이용해서 성대가 떨리게 만들었을 수도 있어요. 그러면 얼마든지 여자 목소리를 낼 수 있다고요."

관리인은 자기가 한 짓이 아니라며 딱 잡아뗐어.

"안깔끔 씨는 틀림없이 폭탄이 터지는 것처럼 요란한 소리를 듣고 밖으로 나왔다고 했어요. 내가 그렇게 큰 소리를 무슨 수로 만들겠어요?"

관리인의 말에 나뚱뚱 경감은 고개를 끄덕끄덕했지.

"그래, 일리가 있는 말일세."

나뚱뚱 경감은 여전히 옆집 아주머니가 범인일 거라고 생각했던 거야.

나는 주위를 둘러보다가 바닥에 나뒹굴고 있는 나무 자 하나를 발견했어. 그리고 소파 옆 테이블에 알람 시계가 놓여 있는 것도 보았지.

그것을 본 순간 내 머리는 뜨끈뜨끈! 생각을 하면 할수록 얼굴이 시뻘게질 정도로 열이 나기 시작했어. 동시에 노릇노릇 고구마 익는 냄새가 진동을 했지.

"어머, 이게 무슨 냄새지?"

"정말 군침 도는 냄새인데! 기가 막히게 맛있겠어!"

옆집 아주머니랑 관리인 아저씨가 코를 킁킁거리며 외쳤어.

69

나뚱뚱 경감이 뭔가 눈치챈 듯 나를 바라보았지. 그래, 온 집 안을 진동하고 있는 이 맛있는 냄새는 내 몸에서 나는 것이지. 나는 생각을 깊이 하면 할수록 노릇노릇 잘 구운 고구마 냄새가 나는 고구마 탐정!

아, 그런데 이러다가 내 머리가 고구마처럼 익어 버리면 어쩌지? 그럼 나뚱뚱 경감이 나를 먹어 치우려 할지도 모르는데.

아무튼 나는 이렇게 소리쳤어.

범인은 바로……
관리인 당신입니다!

"뭐, 뭐라고요?"

관리인 아저씨가 기가 막힌 듯 팔짝 뛰었어.

"폭탄이 터지는 것처럼 요란한 소리의 정체가 뭐냐고 물으셨죠? 그건 바로 시계 알람 소리였어요."

"에? 이 알람 소리는 그렇게 크지 않아요."

안깔끔 씨가 고개를 가로저었어.

"평소엔 그렇겠죠. 하지만 나무 자를 이용하면 얘기가 달라져요."

"어떻게요?"

"알파독, 알람이 울리도록 해 봐."

알람이 울리는 시계를 이렇게 나무 자에 대고……

동시에 안깔끔 씨의 눈이 밖으로 튀어 나올 것처럼 휘둥 그레지고 말았어. 알람 소리가 하도 커서 마치 폭탄이 터지는 것 같았던 거야.

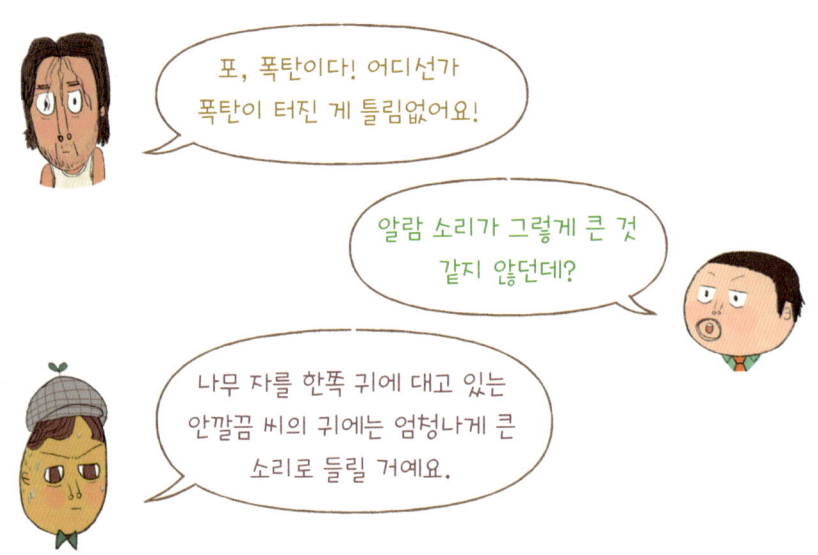

"어떻게 이럴 수가 있죠?"

안깔끔 씨가 넋이 나간 듯한 표정으로 물었어.

"그건 나무 자가 공기보다 더 소리를 잘 전달하기 때문이에요. 나무 자가 확성기 역할을 한 거죠."

관리인 아저씨는 안깔끔 씨가 잠이 들자 살금살금 집 안으로 들어와서 나무 자와 시계 알람을 서로 연결시켜 놓았어.

그리고 그걸 안깔끔 씨의 귀에 닿도록 했던 거지.

알람이 울리자 잠결에 엄청나게 큰 소리를 들은 안깔끔 씨가 놀라 밖으로 뛰어나가게 되었던 거야.

"그러고는 비몽사몽 정신이 없는 틈을 노려 공중전화로 전화를 건 거죠?"

나뚱뚱 경감과 알파독이 동시에 다그치듯 물었어.

관리인 아저씨는 모든 걸 다 포기했다는 듯 고개를 푹 숙이며 말했지.

"그래요, 내가 그랬습니다."

"어째서 안깔끔 씨의 고미술품을 훔친 거죠?"

내가 다그치듯 묻자 관리인 아저씨가 말했어.

"너무 미워서 그랬어요. 쓰레기를 함부로 버리고, 청소라고는 통 하지 않는 안깔끔 씨 때문에 늘 골치가 아팠거든요."

관리인 아저씨는 안깔끔 씨의 집에서 훔친 고미술품을 팔아서 아주 비싼 청소기를 사려고 했었대. 그러다가 내게 계획이 들통나고 만 거지.

"여자 목소리까지 흉내 냈으니 절대 들키지 않을 거라고 생각했는데……."

이렇게 해서 안깔끔 씨의 고미술품 도난 사건은 일단락되었어. 나뚱뚱 경감은 멋쩍은 표정으로 내게 고맙다고 인사를 했지.

 나는 이런 사건쯤이야 식은 죽 먹기라는 듯 웃음을 지었어.

 훗, 내가 누구야. 감자도 아니고, 양파도 아니고, 배추도 아니고 고구마 탐정이야, 고구마! 물론 생긴 건 고구마보다 훨씬 잘생긴 완벽한 고구마 탐정!

도전! 고구마 탐정의 과학 추리 퀴즈
안깔끔 씨의 절벽 탈출 작전

안깔끔 씨가 다리를 절뚝거리며 찾아왔어. 나 고구마 탐정은 놀란 얼굴로 대체 무슨 일이 있었느냐고 물었지.

아니, 그걸로 어떻게 절벽 아래에서 탈출을 했다는 거지?

그러게. 귀신이 곡할 노릇이네.

아하, 나는 알아냈지! 그렇게 탈출할 수 있었던 거구나!

※다음 그림에서 힌트를 찾으세요!

자, 아무거나 골라잡아, 골라잡아! 한 장에 천 원!

아니, 갑자기 시장에서 무슨 힌트를 찾으라는 거야? 설마 저 옷이 힌트라도 되는 거야?

에이, 아니죠! 사람들의 시선을 끌고 있는 게 뭔지 보셔야죠!

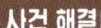 

사건 해결!

안깔끔 씨는 가방에 있던 용수철이랑 종이컵, 그리고 종이를 이용해서 확성기를 만든 거예요. 그걸로 살려 달라고 큰 소리로 외친 덕분에 사람들이 알아챌 수 있었던 것이죠.

탐정이 되기 위해 꼭 알아야 할 과학 원리
달에서는 소리가 들리지 않아요

헉, 물속에서 헤엄치고 있는데 누가 나를 부르는 소리가 들렸어!

 그게 왜?

생각해 봐, 물속에서 소리가 들리다니! 그건 귀신이 부른 게 틀림없어!

맞아, 물속에선 숨도 쉴 수 없잖아!

 이봐, 소리는 공기를 통해서만 전달되는 게 아니야. 물이나 철 같은 다른 물질을 통해서도 소리가 전달돼. 진동을 전달하는 이런 물질을 '매질'이라고 해.

매질만 있으면 소리는 어디서든 전달될 수 있어. 물도, 나무토막도 매질이 될 수 있지.

〈교과 연계〉
5학년 2학기 과학 5. 산과 염기

미스터리 사건 파일 #3

사라진
대왕 진주 귀걸이

추리 열쇠: 산과 염기

"하암, 심심한데 뭐 재미있는 거 없나?"

나른하고 따분한 일요일이었어.

나는 소파에 비스듬히 누운 채로 텔레비전 리모컨만 꾹꾹 눌러 댔지. 그런데 여기를 틀어도 배우 오라라가 보이고, 저기를 틀어도 오라라가 보이지 뭐야.

"와! 멋있다!"

알파독이 청소를 하다 말고 입을 쩍 벌리며 중얼거렸어.

"뭐야, 너도 오라라를 좋아하는 거야?"

"당연하지! 오라라는 세계적인 영화제에서 황금연기상을 받을 만큼 연기도 잘하는 배우라고."

"내가 보기엔 썩……."

때마침 텔레비전에서 오라라의 인터뷰가 진행되고 있었지. 기자는 오라라에게 황금연기상을 받게 된 걸 축하한다고 말했어. 그러고는 짓궂은 표정으로 이상형이 누구냐고 물었지.

오라라는 얼굴을 살짝 붉히더니 잠시 뜸을 들였어.

"실은…… 한 번도 만난 적은 없지만 그래도 이상형이라고 할 만한 분이 있어요. 바로 고구마 탐정이랍니다."

순간 너무 놀란 나는 1년 전에 먹은 고구마가 밖으로 쑥 튀어나오는 것만 같았어. 헛기침이 연달아 나왔지. 그런데 갑자기 등이 따끔거리지 뭐야.

뒤를 돌아보니 알파독이 두 눈을 부릅뜬 채 나를 쏘아보고 있었어. 아주 강력한 레이저빔이 쏟아져 나왔지.

"왜 그런 눈으로 날 보는 거야?"

"고구마 탐정, 오라라가 어떻게 널 아는 거야? 바른대로 말해! 나 몰래 오라라를 만난 적이 있어?"

알파독의 눈에서 더욱 강한 레이저빔이 쏟아져 나왔어. 그게 어찌나 센지 레이저에 살짝 닿기만 해도 통구이가 될 것 같았지 뭐야.

"아, 아니……."

"정말? 맹세할 수 있어? 정말이지?"

"하늘이랑 땅에다가도 맹세할 수 있어! 게다가 오라라도 자기 입으로 한 번도 만난 적 없는 사이라고 얘기하잖아."

"맞다, 그렇게 이야기했었지!"

알파독은 그제야 눈에 팍 주었던 힘을 풀었어. 뭐든 두 동강 내 버릴 것처럼 쏟아지던 레이저도 멈추었지.

"고구마 탐정, 솔직하게 말해 줘. 혹시 너도 오라라를 좋아해?"

알파독이 걱정스러운 목소리로 물었어.

"아니, 절대! 난 가수 소미니처럼 노래 잘하는 사람이 이상형이야."

"휴, 다행이다."

알파독이 가슴을 쓸어내릴 때였어.

"오라라 씨, 왜 하필 고구마 탐정이 이상형인가요?"

기자가 물어보자 오라라가 대답했어.

"전 똑똑한 사람이 좋아요. 얼굴은 그다지 중요하게 생각하지 않아요."

그때 오라라가 카메라를 향해 고개를 들이밀며 이렇게 말하지 뭐야.

"고구마 탐정님, 지금 이 방송을 보고 계시나요? 만약 그렇다면 오늘 밤 열릴 파티에 당신을 초대하고 싶어요. 와 주실 거죠?"

그 모습을 본 알파독이 당장 텔레비전을 끌어안고서 "당연하죠!"라고 외쳤지. 알파독은 당장 텔레비전 속으로 들어가기라도 할 듯한 기세였어.

"싫어, 난 안 갈래."

"아니, 왜?"

"이런 식으로 초대를 하다니, 너무 제멋대로잖아!"

나는 몹시 퉁명스럽게 말했어.

"고구마 탐정, 부탁이야! 제발 파티에 간다고 말해 줘."

알파독은 나를 졸졸 따라다니며 매달렸어. 나는 하는 수 없이 파티에 가겠다고 약속했지.

"오라라를 만나면 사인을 해 달라고 부탁해야지! 그 사인을 백 장, 아니 천 장, 아니, 아니, 만 장은 스캔해 둘 거야!"

가는 내내 알파독은 떠들어 댔어.

이렇게 해서 우리는 오라라의 집에서 열리는 축하 파티에 가게 되었지.

그게 엄청난 사건의 시작일 줄은 아무도 짐작하지 못했어.

오라라의 축하 파티에 초대를 받은 건 나뿐만이 아니었어.

저택 문 앞에는 유명한 감독인 마찌거와 사랑스러운 가수 소미니가 서 있었지.

둘은 저택 문 앞에서 꽤 오랜 시간을 기다린 듯했어.

"우릴 초대해 놓고 어딜 간 거지?"

"혹시 일부러 문을 안 열어 주는 게 아닐까요?"

눌은 투덜거리며 초인종을 눌러 댔지. 그러나 어찌 된 영문인지 저택 안에서는 아무런 반응이 없었어. 인터폰으로 "누구세요?" 하고 묻지도 않았다니까.

"그냥 돌아가는 게 좋겠어요."

소미니가 인상을 찌푸리며 말했어. 그때 마 감독이 나를 힐끗거리더니 고개를 갸웃하지 뭐야.

"혹시 당신이 오라라의 이상형이라는 그 고구마 탐정인가요?"

"그런데요?"

"정말 영문을 알 수 없는 일이로군요! 오라라가 왜 당신을 이상형이라고 말했을까…….."

잔뜩 열을 받은 나의 얼굴이 사과처럼 빨개지고 말았어. 그 모습을 본 소미니가 풋 하고 웃음을 터트렸지.

"왜 그러세요. 빨개진 얼굴이 귀엽기만 한데! 거기다가 음…… 아주 좋은 냄새도 나는걸요."

소미니는 내 앞으로 불쑥 다가오더니 코를 킁킁거렸지.

아, 나는 가슴이 떨려서 견딜 수가 없었어.

금방이라도 심장이 터질 것 같았지 뭐야. 가슴이 두근두근 떨리니 머리가 화끈화끈 달아올랐어. 마치 추리를 할 때처럼 노릇노릇 고구마 굽는 냄새가 진동을 해 댔지.

내가 숨을 크게 들이쉬고 마음을 가라앉히려고 애쓸 때였어.

저 멀리서 웬 남자가 부랴부랴 뛰어오지 뭐야. 남자는 숨을 헐떡이며 외쳤어.

"미안합니다. 이렇게 빨리 모이실 줄은 몰랐어요."

"누구신데요?"

"저는 오라라 씨의 매니저인 모든지라고 합니다."

모 매니저는 오라라가 기다리고 있으니 빨리 집 안으로 들어가야 한다며 부랴부랴 저택 대문의 비밀번호를 꾹꾹 눌렀어.

나는 속으로 오라라는 우릴 초대해 놓고 대체 무얼 하는 건지 궁금해졌지.

"오라라 씨는 지금 파티 준비 중이라 엄청 바쁘답니다. 그래서 저한테 밖에서 기다리고 있다가 여러분이 모두 모이면 집 안으로 모시고 들어오라고 부탁했어요."

"아무리 파티 준비 중이라도 그렇지. 초인종을 그렇게 눌렀는데……."

소미니가 입술을 삐죽였어.

"오라라 씨는 집중력이 매우 뛰어나답니다. 한번 집중을 하기 시작하면 폭탄이 터져도 모를 정도예요. 하긴, 그러니까 황금연기상 같은 대단한 상을 받은 거겠죠!"

"그래요……. 어쩔 수 없죠, 뭐."

나와 소미니, 그리고 마 감독은 시큰둥한 표정으로 매니저를 따라 들어갔어. 알파독만 좋아서 어쩔 줄 모르겠다는 표정이었지.

매니저는 우리를 응접실로 안내했어. 우리가 자리에 앉자마자 오라라가 기다렸다는 듯 화려한 드레스를 입고 나타났어. 귀에는 아름다운 진주 귀걸이가 반짝이고 있었지.

여러분, 저를 위한 축하 파티에 와 주셔서 감사합니다.

와, 여신이 따로 없네!

알파독은 금방이라도 회로가 펑 하고 터져 버릴 것 같은 표정이었어.

마 감독과 모 매니저도 입을 쩍 벌린 채 감탄하는 눈치였지. 소미니만 고개를 뻣뻣하게 든 채로 딴청을 피웠어.

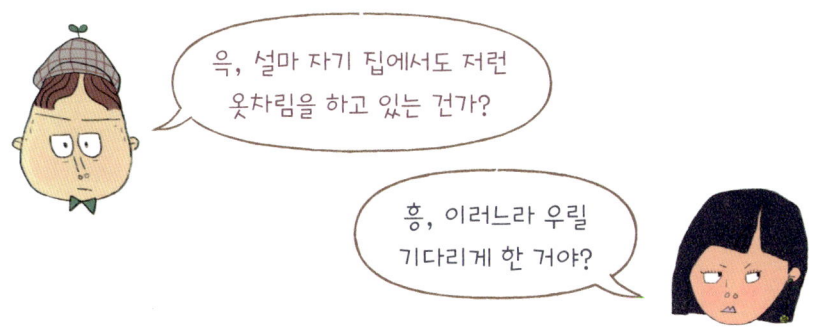

"여러분이 오신다고 해서 나름 신경을 썼는데 어떤가요?"
오라라가 묻자 소미니가 퉁명스럽게 말했어.
"정말 아름답네요."
"어머!"
"그 진주 귀걸이 말한 거예요! 엄청 비싸 보이는데요?"
소미니의 말에 오라라가 인상을 팍 찌푸리며 말했어.
"그래요. 이건 '클레오파트라의 눈물'이라는 진주 귀걸이랍니다. 값이 무려 1억 원이 넘는 것이지요."

"1억 원이라고요?"

"훗, 놀랐나 보죠? 엄청 갖고 싶은 표정인데?"

오라라가 소미니를 힐끗 노려보며 물었어. 소미니는 입맛을 쩝 다셨지. 둘이 서로를 노려보자 전기가 찌릿 나올 것만 같았어.

"자, 자! 이제 그만 파티나 즐기자고요!"

모 매니저가 어색한 분위기를 없애려는 듯 애써 큰 소리로 웃음을 지었지.

이렇게 해서 어색하기 그지없는 파티가 시작되었어.

"호호호, 많이들 드세요!"

"많이 먹고 싶지만 딱히 먹을 만한 게……."

오라라가 내놓은 음식이라곤 시큼한 냄새가 나는 음료수랑 과자 몇 개가 전부였어. 우리는 젓가락을 든 채 입맛만 다셨지. 모두들 배에서 꼬르륵 소리가 났어.

"윽, 파티에 초대받았으니 배 터지게 먹을 줄 알고 아침부터 굶었는데!"

"이 시큼한 음료수는 뭐죠? 식초 같기도 하고……."

오라라는 사람들이 뭐라고 하든 아랑곳하지 않았어. 그

저 이 상황이 재미있다는 듯 깔깔거리며 음료수를 마셨지.

"난 그냥 집으로 돌아가겠습니다."

"나도요!"

사람들이 모두 자리에서 일어섰어. 나도 슬쩍 돌아가려 했지. 알파독만 여전히 황홀한 표정으로 오라라를 볼 뿐이었어.

그때 오라라가 외마디 비명을 질렀어.

"1억 원이 넘는 그 귀걸이가 사라졌다고요?"

"그래요. 당신들 중에 누군가 내 귀걸이를 훔쳐 간 게 틀림없어요! 모두 꼼짝하지 말고 그 자리에 그대로 있어요!"

오라라의 으름장에 우리는 모두 얼음이 되고 말았지.

오라라는 곧 경찰에 귀걸이를 도둑맞았다고 신고했어.

그 소식을 들은 나뚱뚱 경감이 바람을 가르며 달려왔지.

"그 값비싼 진주 귀걸이가 사라졌다는 게 사실입니까?"

"네, 틀림없이 좀 전까지만 하더라도 제가 갖고 있었어요. 그런데 어느 틈엔가……!"

오라라는 제발 귀걸이를 찾아 달라며 콧물을 훌쩍이며 눈물을 훔쳤지.

"용의자는 마찌거 감독님, 소미니 씨, 매니저인 모든지 씨, 그리고…… 고구마 탐정 자네까지로군!"

나뚱뚱 경감은 우리를 향해 이렇게 말했지.

"우선 이 자리에 있었던 여러분 모두가 용의자입니다. 모두 무얼 하셨는지 자세히 이야기해 보세요."

그때 오라라가 끼어들어 말했어.

"경감님, 전 범인이 누구인지 알 것 같아요!"

"정말입니까?"

"소미니 씨가 수상해요! 소미니 씨는 저를 라이벌로 생각하고 사사건건 시비를 걸었거든요. 제가 하는 일은 뭐든 꼬투리를 잡으며 싫어했죠!"

"맙소사, 내가 언제 그랬다는 거예요?"

오라라의 말을 들은 나뚱뚱 경감은 소미니의 몸을 수색해 보겠다고 했어. 소미니는 얼마든지 해도 좋다며 두 팔을 벌렸지. 나뚱뚱 경감은 수색견까지 동원해서 소미니의 지갑과 소지품을 뒤졌어. 하지만 귀걸이는 어디에

서도 발견되지 않았지.

"됐죠? 전 귀걸이 따위를 훔치지 않았다고요!"

소미니가 발끈해서 소리치자 오라라가 이번에는 마찌거 감독을 가리켰어.

"어쩌면 감독님이 훔쳐 간 걸지도 몰라요. 감독님은 제 연기가 마음에 들지 않는다며 툭하면 트집을 잡았거든요."

나뚱뚱 경감이 이번엔 마찌거 감독의 카메라도 살펴보고 몸을 뒤지기 시작했지. 하지만 이번에도 허탕이었어. 귀걸이는커녕 그 비슷한 것도 발견되지 않았던 거야.

"허허, 멀쩡하던 귀걸이가 하늘로 솟았나 땅으로 꺼졌나, 아니면 물속으로 퐁당 사라졌나······."

나뚱뚱 경감이 줄줄 흐르는 땀을 닦으며 난처한 듯 중얼거렸지. 오라라는 클레오파트라의 눈물이라는 그 진주 귀걸이를 반드시 찾아야 한다며 고래고래 소리쳤어.

"경감님, 그건 내 목숨보다 귀한 거라고요! 반드시 찾아 주세요!"

"저도 그러고 싶지만······."

나뚱뚱 경감이 절절맬 때였어. 내 머릿속에 무언가 번뜩

스쳐 갔지 뭐야.

"오, 고구마 탐정! 자네 얼굴이 점점 발개지고 있군! 혹시 사건을 해결한 건가? 귀걸이가 어디 있는지 찾아낸 거야?"

나뚱뚱 경감이 반갑다는 듯 외쳤어.

"아뇨, 아직……."

나는 말끝을 흐리며 오라라를 바라보았어. 오라라는 고개를 빳빳하게 치켜든 채 이렇게 말했어.

"만약 그 귀걸이를 찾지 못한다면 여기 있는 사람들에게 모두 손해 배상을 청구하겠어요."

"뭐라고요?"

"우린 억울해요!"

매니저가 허둥지둥 손을 휘저으며 말했지. 하지만 오라라는 입술을 악문 채 독한 표정을 지었어.

그 모습을 본 나는 반드시 사건을 해결하고 말겠다고 다짐했지. 나는 집중해서 생각하기 시작했어. 얼마나 골똘히 생각에 잠겼던 걸까? 갈색 고구마 껍질 같던 내 얼굴이 점점 벌겋게 바뀌기 시작했어. 열이 오르고 노릇노릇 고구마 굽는 냄새가 진동을 했지.

나는 오라라를 가리키며 "범인은 바로 당신이야!"라고 외쳤어.

"뭐, 뭐라고요? 내가 범인이라니!"

오라라는 도대체 자기가 왜 그 비싼 귀걸이를 없애겠느냐며 따지듯 물었어.

"당신은 여기 있는 우리를 모두 골탕 먹이고 싶었던 거예요. 그래서 우리를 파티에 초대한다며 부른 거죠?"

"그럴 리가요!"

"아니, 틀림없어요. 당신은 우리에게 누명을 씌우기 위해 1억 원이 넘는 귀한 진주 귀걸이까지 먹어 치웠어요."

"헛, 말도 안 되는 소리! 내가 그걸 어떻게 먹었다는 거죠?"

오라라가 헛웃음을 치며 대꾸했어.

나뚱뚱 경감과 알파독이 나를 말리기 시작했지.

"고구마 탐정, 이번 추리만큼은 자네가 완전 틀린 것 같군!"

하지만 그 순간 난 틀림없이 봤어. 오

라라가 가소롭다는 표정으로 코웃음을 치는 걸 말이야.

"이건 바로 진주를 이루고 있는 석회석과 시큼한 냄새가 나는 음료수 속에 든 산성 물질이 만난 경우를 화학식으로 설명한 거죠. 진주의 주성분인 석회석은 식초의 아세트산에 의해서 녹게 돼요."

"말도 안 돼!"

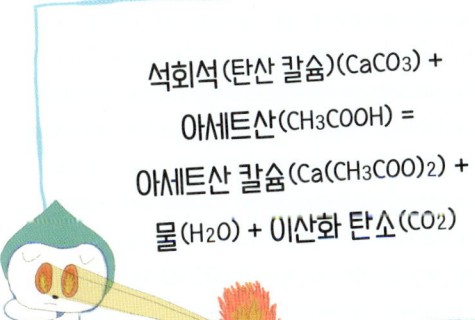

석회석(탄산 칼슘)($CaCO_3$) + 아세트산(CH_3COOH) = 아세트산 칼슘($Ca(CH_3COO)_2$) + 물(H_2O) + 이산화 탄소(CO_2)

내 말에 사람들은 소리쳤지.

"식초에 든 산성 물질이 진주를 녹이다니, 말도 안 된다고요? 산은 그만큼 강한 물질이랍니다. 산은 사람의 피부에 닿기만 하면 피부를 녹여 버리고, 나무는 태워 버리고, 철은 녹여 버릴 수 있을 정도로 강해요."

내가 말을 끝내고 오라라를 바라보니 오라라는 당당하게 말했어.

"내가 비싼 진주를 식초 물에 녹여서 꿀꺽하고 삼켰다니, 그게 말이 되는 소리예요? 그리고 설령 내가 그런 짓을 했다고 하더라도 진주가 이미 다 녹아서 사라지고 없을 텐데 무슨 근거로 나를 범인으로 몰아세우는 거죠? 증거가 없잖아요. 증거가!"

나는 그런 오라라에게 소리쳤지.

증거가 바로 여기 있어요!

"증거라뇨?"

"맞아, 고구마 탐정. 누군가 강한 식초 물에 진주 귀걸이를 빠트렸다면 진주가 모두 녹고 없을 거라고!"

나뚱뚱 경감이 끼어들었지.

그때 나는 재빨리 식탁 위에 놓인 음료수 컵을 집어 들었지. 그러고는 재빨리 음료수에 든 식초 물을 따라 냈어. 그러자 컵 속에서 진주 귀걸이가 발견되었지 뭐야.

"이게 바로 식초 물에 녹다 만 진주, 클레오파트라의 눈물이에요!"

나뚱뚱 경감의 눈이 휘둥그레졌지.

이론으로만 보자면 진주의 주성분인 석회석이 식초의 아세트산에 의해서 녹겠죠. 하지만 그렇게 되기 위해서는 상당한 시간이 필요해요.

사건이 일어난 건 눈 깜짝할 사이였어!

귀걸이를 잠깐 식초에 담갔다고 바로 녹지는 않았군!

순간 오라라가 모든 것을 포기한 듯 털썩 주저앉았어.

"세상에, 왜 이런 일을 벌인 거죠?"

소미니가 기가 막히다는 듯 물었지.

"난 네가 나보다 더 인기가 많은 게 싫었어! 그리고 마 감독님은 툭하면 내가 연기를 못한다고 꾸짖어서 싫었고. 매니저는 일을 제대로 못하는 게 얄미웠어!"

"저기, 그럼 나는 왜……."

나는 어리둥절한 표정으로 오라라를 보았어.

"고구마 탐정님, 당신을 끌어들인 건 어쩔 수 없는 일이었어요. 미안해요."

오라라는 나에 대한 마음만큼은 진심이었다며 고개를 푹 숙였어. 결국 이렇게 진주 귀걸이 도난 사건은 자작극으로 끝이 났지. 그런데 대체 오라라가 나를 좋아하게 된 이유가 뭘까?

하긴, 내가 누구야, 감자도 아니고, 양파도 아니고, 배추도 아니고 고구마 탐정이잖아. 안 그래?

도전! 고구마 탐정의 과학 추리 퀴즈
사라진 장미꽃

소미니가 울상을 지으며 나, 고구마 탐정을 찾아왔어. 소미니는 팬으로부터 아름다운 붉은 장미 꽃다발을 선물로 받았는데, 잠시 자리를 비운 사이 꽃다발이 사라졌다지 뭐야.

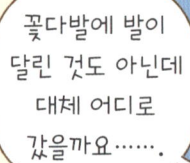
꽃다발에 발이 달린 것도 아닌데 대체 어디로 갔을까요…….

분장실에 놓아 두셨다고 했죠? 그 분장실을 이용한 사람은 없었나요?

오라라 씨가 저랑 같은 분장실을 이용했어요.

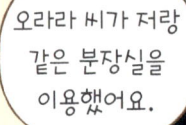

그럼 오라라 씨를 의심할 만하군요.

저도 의심이 들었죠. 하지만 오라라 씨는 자기가 받은 파란 장미 꽃다발만 갖고 있었어요.

파란 장미 꽃다발이라…….

이상한 건 그 꽃다발이 제가 받은 거랑 아주 비슷했다는 거였지요.

혹시 그 꽃, 종이로 만든 거였나요?

네, 그걸 어떻게……!

 오라라는 범인이 아니야. 오라라의 집 속에서는 파란 장미 꽃다발만 발견됐잖아.

맞아, 소미니 배우가 선물받은 꽃다발은 빨간색이었어!

아하, 그런 방법으로 꽃다발을 바꿔치기한 거로구나!

※다음 그림에서 힌트를 찾으세요!

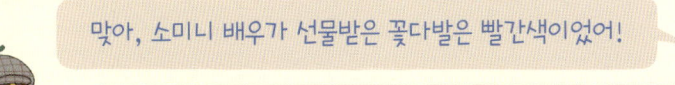

 마법사가 아닌 이상 빨간 장미를 무슨 수로 파랗게 만들겠어?

만약 그 장미꽃이 리트머스 종이로 만든 것이라면 얼마든지 가능해요!

사건 해결!

붉은색 리트머스 종이를 빨랫비누, 유리 세정제, 석회수와 같은 염기성 용액에 담그면 푸른색으로 변해요. 이것이 붉은 장미꽃이 푸른 장미꽃으로 바뀌게 된 비밀이랍니다!

탐정이 되기 위해 꼭 알아야 할 과학 원리

산은 신맛, 염기는 쓴맛

 산성 물질? 염기성 물질? 그런 건 어디 가야 구할 수 있지?

 우리 주변에는 산성 물질과 염기성 물질이 많아.
냉장고나 화장실에서 흔히 볼 수 있지.
다음 그림에서 산성 물질과 염기성 물질을 찾아봐!

 어디? 어디에 산성 물질이랑 염기성 물질이 있다는 거야?

눈을 크게 뜨고 잘 찾아 봐.

 난 기계라서 눈이 더 이상 커질 수 없다고!

좋아, 힌트를 주지. 신맛이 나는 물질을 '**산**'이라고 해. 그리고 산의 성질을 갖고 있는 걸 '**산성**'이라고 하지. 또, 쓴맛이 나는 물질을 '**염기**'라고 하고, 염기의 성질을 갖고 있는 걸 '**염기성**'이라고 해.

정답 : 산성 물질 - 레몬, 갑자, 사과 | 염기성 물질 - 치약, 비누, 세제